BEI GRIN MACHT SICH IHR WISSEN BEZAHLT

- Wir veröffentlichen Ihre Hausarbeit,
  Bachelor- und Masterarbeit

- Ihr eigenes eBook und Buch -
  weltweit in allen wichtigen Shops

- Verdienen Sie an jedem Verkauf

Jetzt bei www.GRIN.com hochladen
und kostenlos publizieren

AF131214

Bibliografische Information der Deutschen Nationalbibliothek:

Die Deutsche Bibliothek verzeichnet diese Publikation in der Deutschen National-
bibliografie; detaillierte bibliografische Daten sind im Internet über http://dnb.d-
nb.de/ abrufbar.

Dieses Werk sowie alle darin enthaltenen einzelnen Beiträge und Abbildungen
sind urheberrechtlich geschützt. Jede Verwertung, die nicht ausdrücklich vom
Urheberrechtsschutz zugelassen ist, bedarf der vorherigen Zustimmung des Verla-
ges. Das gilt insbesondere für Vervielfältigungen, Bearbeitungen, Übersetzungen,
Mikroverfilmungen, Auswertungen durch Datenbanken und für die Einspeicherung
und Verarbeitung in elektronische Systeme. Alle Rechte, auch die des auszugsweisen
Nachdrucks, der fotomechanischen Wiedergabe (einschließlich Mikrokopie) sowie
der Auswertung durch Datenbanken oder ähnliche Einrichtungen, vorbehalten.

Impressum:

Copyright © 2015 GRIN Verlag, Open Publishing GmbH
Druck und Bindung: Books on Demand GmbH, Norderstedt Germany
ISBN: 9783668347502

Dieses Buch bei GRIN:

http://www.grin.com/de/e-book/344971/bereiche-der-persoenlichkeitspschologie-
sensation-seeking-selbstwirksamkeit

Rubi Mauer

Bereiche der Persönlichkeitspschologie. Sensation Seeking, Selbstwirksamkeit und Ängstlichkeit

GRIN Verlag

GRIN - Your knowledge has value

Der GRIN Verlag publiziert seit 1998 wissenschaftliche Arbeiten von Studenten, Hochschullehrern und anderen Akademikern als eBook und gedrucktes Buch. Die Verlagswebsite www.grin.com ist die ideale Plattform zur Veröffentlichung von Hausarbeiten, Abschlussarbeiten, wissenschaftlichen Aufsätzen, Dissertationen und Fachbüchern.

Besuchen Sie uns im Internet:

http://www.grin.com/

http://www.facebook.com/grincom

http://www.twitter.com/grin_com

Einsendeaufgaben

Alternative C

SRH Fernhochschule Riedlingen

Modul: Persönlichkeitspsychologie

Studiengang: Prävention und Gesundheitspsychologie,

Lehrplansemester: 1

Inhaltsverzeichnis

Einleitung

Mit dieser Einsendeaufgabe gibt die Autorin einen Überblick über drei verschiedene Themenfelder. Im Kapitel „Sensation Seeking" wird nach der Begriffsdefinition die Sensation Seeking Scale als Messinstrument erläutert. Dieser Abschnitt ist relativ kurz gehalten, um der Beschreibung einer Person mit hohen Werten auf dieser Skala und dem Konzept im Bereich Prävention und Gesundheitspsychologie mehr Platz einräumen zu können. Das Kapitel „Selbstwirksamkeit" beinhaltet die Begriffe Selbstbild und Selbstkonzept, welche Bestandteile des Konzepts der Selbstwirksamkeit sind. Der Brückenschlag zur Praxis erfolgt über die Ausführung der Bedeutung von Selbstwirksamkeit für den Praxisalltag des Krankenhaus- und Pflegepersonals. Das berufliche Selbstkonzept als weitere wichtige Eigenschaft für die erfolgreiche Bewältigung des Arbeitsalltags ist unter dem Begriff „Employability" zusammengefasst. Im Anschluss ist ein Konzept zur Steigerung der Selbstwirksamkeit für Mitarbeiter zu finden. Das Kapitel „Ängstlichkeit" befasst sich mit der Definition und der Messbarkeit des entsprechenden Merkmals und Persönlichkeitsstörungen mit begleitender Ängstlichkeit. Als Beispiel wird die Zwangsstörung angeführt, wobei die Therapiemöglichkeiten ausführlicher beschrieben werden. Bei allen drei Themenfeldern legt die Autorin den Schwerpunkt auf die Bedeutung für den Praxisalltag und den Anwendungsnutzen der theoretischen Modelle und Konzepte im Rahmen des praxisorientierten Studiums „Prävention und Gesundheitspsychologie".

C 1 Sensation Seeking

C 1.1 Definition von Cloninger

In der Psychologie gibt es verschiedene Perspektiven[1], unterschiedliche Konzepte und Konstrukte, mit deren Hilfe die menschliche Persönlichkeit beleuchtet werden soll. Je nach Perspektive (biologisch, psychoanalytisch oder kognitiv) kann Verhalten anders beschrieben und erklärt werden. So versuchten u.a. Cloninger und Zuckerman, Temperamentsmerkmale durch die Nähe zu physiologischen Prozessen zu erklären. Cloninger baut seine Theorie auf die von Grey und Zuckerman auf. Greys Theorie der Persönlichkeit[2] unterscheidet ein Flight-Freezing-System, welches durch Hinweisreize auf Bestrafung aktiviert wird, und ein Behavioral Approach System, welches durch

---

[1] Vgl. Schnaack, F./Koch, A.: 2010, S. 73.
[2] ebenda, S. 74.

Hinweisreize auf Belohnung aktiviert wird. Unbekannte Reize aktivieren laut Grey beide Systeme und es kommt zu einem Annäherungs-Vermeidungs-Konflikt, welcher das Behavioral Inhibition System aktiviert. Zuckermans These [3] besagt, dass Reizreaktionen z.T. genetisch determiniert sind. Er definiert den Begriff „Sensation Seeking" als stabiles Persönlichkeitsmerkmal und eine Verhaltensdisposition mit dem Bedürfnis nach variantenreichen, neuen, komplexen Eindrücken mit der Bereitschaft, physische und soziale Risiken in Kauf zu nehmen. Cloninger [4] nimmt nun drei Verhaltenssysteme an, die das Verhalten aktivieren, hemmen oder fortführen und setzt sie im Sinne des biosozialen Bezugs von Zuckerman in ein Verhältnis zu den drei wichtigsten Neurotransmittersystemen im Gehirn: Dopamin, Serotonin und Noradrenalin. Wechselwirkungen zwischen den Systemen werden von ihm nur skizziert. Er kritisiert und ergänzt die Theorien von Eysenck und Grey, indem er sagt, dass biologische Daten in die Faktorenanalyse mit einbezogen werden müssen, um die kausalen, bio-sozialen Strukturen sichtbar zu machen, die den Persönlichkeitsdimensionen zugrunde liegen. Cloninger fügt der Definition für „Sensation Seeking" von Zuckerman also noch eine erhöhte dopaminerge Aktivierung als genetische Prädisposition hinzu.[5]

C 1.2 Sensation Seeking Scale (SSS)

Die Sensation-Seeking-Scale [6] ist ein Erhebungsinstrument für das entsprechende Persönlichkeitsmerkmal, mit dessen Hilfe Verhaltenstendenzen abgefragt werden, die durch Reizreaktion gekennzeichnet sind. Folgende vier Dimensionen werden erfasst:

- Thrill- and Adventure-Seeking: Suche nach ungewöhnlichen Reizen durch physische Aktivitäten, Abenteuer
- Experience-Seeking: Suche nach sensorischer Erfahrung und kognitiver Stimulation
- Disinhibition: Suche nach Stimulation durch soziale Begegnungen
- Boredom susceptibility: Intoleranz gegenüber Langeweile

C 1.3 Beispiel für eine Person mit hohen Werten auf der SSS

Sensation Seeking als Persönlichkeitsmerkmal[7] beschreibt das Verhalten, aktiv und selektiv auf Stimulationssuche zu gehen. Eine Person (Männer haben auf der SSS

---

[3] ebenda, S. 75.
[4] ebenda, S. 76.
[5] Vgl. Schnaack, F./Koch, A.: 2010, S. 76, Tabelle 3.
[6] ebenda, S. 76.

4

durchweg höhere Werte als Frauen und jüngere Männer haben höhere Werte als ältere) mit diesem Merkmal sucht nach neuen (starken) Reizen einer bestimmten Qualität. Biochemische Untersuchungen ergaben einen höheren Level an Sexualhormonen, ein geringeres Niveau von Monoaminoxidase und einen niedrigeren Level an Endorphinen. Sozialisations- und Lernprozesse beeinflussen aber individuelle Unterschiede in Reizreaktionen. Ein Sensation-Seeker verfügt über einen Wahrnehmungs- und Reizverarbeitungsapparat, der starke Reize wahrnehmen und aushalten kann. Reize wirken belohnend, ein individuell optimales Erregungsniveau wird hergestellt. Ein High-Sensation-Seeker mit einer niedrigeren Reizreaktion als ein Low-Sensation-Seeker verfügt über ein breiteres Spektrum riskanter Aktivitäten und hat häufigere und variierendere sexuelle Erfahrungen. Hinzu kommen oft noch Alkohol-, Drogen- und Nikotinabusus. Unkonventionelle politische und ethisch-moralische Einstellungen finden sich bei einer Person mit diesem Persönlichkeitsmerkmal häufiger.

C 1.4 Nutzen des Konzepts im Bereich Prävention/ Gesundheitspsychologie

Gesundheitspsychologen beschäftigen sich bspw. mit der Frage, warum Menschen mit dem Rauchen anfangen. Ziel ist es, das Anfangen zu verhindern oder das Aufhören zu unterstützen. Die Wechselwirkung zwischen Anlage und Umwelt und die Verbindung zwischen genetischer Disposition und Rauchen haben die Konzentration der Forscher auf Persönlichkeitsunterschiede gelenkt, die vorhersagen können, welche Menschen anfälliger für Suchterkrankungen sind. Sensation-Seeker mit ihrer Veranlagung zur Stimulationssuche unternehmen mit größerer Wahrscheinlichkeit riskante Aktivitäten wozu auch das Rauchen gehört. Sensation-Seeker lassen sich durch an die Vernunft gerichtete Apelle nicht von ihrer gewünschten Erfahrung abschrecken. Mit dem Verständnis für dieses Persönlichkeitsmerkmal kann eine neue Vorgehensweise entwickelt werden. Rauchen muss in eine „uncoole" Aktivität umgewandelt werden, damit diese ihren Reiz verliert, denn Sensation-Seeker suchen die Gefahr, die den Reiz ausmacht. Der Nutzen des Konzepts „Sensation-Seeking" in Prävention und Gesundheitspsychologie besteht darin, genauere Interventionsmethoden für Personen mit diesem Persönlichkeitsmerkmal zu entwickeln, um sie auf ihrem Weg zu einer gesunden Lebensweise unterstützen zu können. Außerdem kann eventuelles

---

[7] ebenda, S. 75.

Suchtverhalten somit besser vorhergesagt werden und schon präventiv ein Bewusstsein für diese Gefahr bei den betreffenden Personen geweckt werden.[8]

C 2 Selbstwirksamkeit

Selbstwirksamkeit ist ein Bestandteil des Selbstkonzepts[9] oder des „Selbstbildes", welchem eine Vermittlungsfunktion für innerpsychische und zwischenmenschliche Prozesse und Verhaltensweisen innewohnt. Diese werden motiviert, in ihrer Bedeutung erschlossen, strukturiert, vermittelt und reguliert. Neue Herausforderungen oder auch alltägliche Aufgaben formen das Selbstkonzept und lassen das Individuum im günstigsten Fall zu einem Menschen mit Selbstsicherheit und Selbstvertrauen werden. Das Selbst fungiert wie eine Art Datenbank, die alle Daten erfasst und sammelt, die das Individuum über sich weiß. Das Selbst als Objekt unterteilt sich in ein materielles, soziales und spirituelles Selbst. Die jeweils erhobenen Daten spiegeln der Person ein bestimmtes Selbstwertgefühl und besitzen somit eine kognitiv-affektive Struktur. Die Selbstaufmerksamkeit unterstützt die Selbsterinnerung und -wahrnehmung, wobei sich die Menschen in der Tendenz unterscheiden, sich mit der eigenen Person kritisch auseinanderzusetzen. Man unterteilt in die private und die öffentliche Selbstbewusstheit und die soziale Ängstlichkeit. Im Folgenden wird die Selbstwirksamkeit als Konstrukt und Teil des Selbstkonzepts erläutert.

C 2.1 Erläuterung des Konstrukts Selbstwirksamkeit

Erste Selbstwirksamkeitserfahrungen macht der Mensch schon als Säugling, indem er Reaktionen auf sein Verhalten beobachtet und darauf ein erstes Ursache-Wirkung-Prinzip gründet. Im Kleinkindalter entsteht die Motivation sich für Ziele anzustrengen weil die Selbstverursachung für Erfolg oder Misserfolg erkannt wird. Nach dem Grundschulalter hat sich meist eine realistischere Einschätzung der eigenen Fähigkeiten und Fertigkeiten herausgebildet und in der Pubertät bzw. im frühen Erwachsenenalter werden weitere Kompetenzen erworben und vertieft. Die eigene Identität wird genauer definiert und der Selbstwert somit gesteigert. „Du bist das, wovon du dir selbst sagst, dass du es sein kannst, und du wirst geleitet durch deine Überzeugung darüber, was du tun solltest."[10] Dieser Satz aus der kognitiven Verhaltensmodifikation fasst die

---

[8] Vgl. Gerrig, R./Zimbardo, P.: 2008, S. 489.

[9] Vgl. Schnaack, F./Koch, A.: 2010, S. 59ff.

[10] Vgl. Gerrig, R./Zimbardo, P.: 2008, S. 616.

Bedeutung der Selbstwirksamkeit für das Individuum zusammen. Kann ich in meinem Leben, in dieser Welt, im Leben anderer etwas bewirken? Kann ich meine Ziele erreichen? Welche Strategien helfen mir dabei? Kann ich in verschiedenen Situationen flexibel reagieren? Wie erreiche ich die Kompetenz dazu? Diese zentralen Fragen in Bezug auf das Konstrukt Selbstwirksamkeit[11] beeinflussen die Motivation und die Leistungsbereitschaft eines Menschen. Selbstwirksame Personen setzen sich in der Folge höhere Ziele als nicht selbstwirksame Personen. Das Umsetzen der Handlungsziele und Durchsetzen des Verhaltens gegen Widerstände ist erfolgreicher. Albert Bandura[12] bezeichnet die Selbstwirksamkeit als zentrale Persönlichkeitseigenschaft, situationsspezifische Überzeugung und Grundlage für zukünftiges Handeln. Unsere eigene Einschätzung ergibt sich aus vier Informationsarten:

- Erfolge oder Misserfolge in der Vergangenheit beim Ausführen des Zielverhaltens
- stellvertretende Erfahrungen, also Beobachtungen anderer Menschen bei der Ausführung des Zielverhaltens
- verbale Überzeugung (Ermutigung oder Entmutigung durch andere Personen)
- unsere eigene emotionale Reaktion hinsichtlich des Zielverhaltens

Diese vier Informationen enthalten Hinweise auf die eigene Kompetenz, ein Verhalten ausführen zu können. Selbstwirksamkeit ist ein Schlüssel zu kompetenter Selbstregulation.[13] Sie beeinflusst Denken, Fühlen, Handeln, Zielsetzungen, Anstrengung und Ausdauer, wobei sie relativ unabhängig von den tatsächlichen Fähigkeiten und der Intelligenz einer Person ist. Stresssituationen werden eher als Herausforderung und weniger als Bedrohung erlebt, was einen großen Einfluss auf die subjektive situative Kontrollüberzeugung hat.

C 2.2 Bedeutung für das Krankenhaus- und Pflegepersonal

Arbeitnehmer in „helfenden Berufen" haben ein höheres Risiko, psychisch und physisch zu erkranken. Risikofaktoren[14] sind z.B.: hohe Anforderungen im körperlichen und interpersonellen Bereich. Schichtdienste, Zeitdruck, Arbeitsunterbrechungen und hohe Verantwortlichkeit stellen weitere Einflussgrößen dar. Für die Selbstwirksamkeit sind

---

[11] Vgl. Schnaack, F./Koch, A.: 2010, S. 67.
[12] Vgl. Schnaack, F./Koch, A.: 2010, S. 66.
[13] ebenda, S. 68.
[14] http://www.psychosomatik-aalen.de

vor allem die inneren Risikofaktoren verantwortlich. In Bezug auf das Krankenhaus- und Pflegepersonal kann man folgende Aspekte nennen:

- Hoher Leistungsanspruch, das Arbeitstempo und die Aufmerksamkeit betreffend. Arbeitsschritte wie das Verabreichen von Medikamenten müssen zügig und fehlerfrei ablaufen.
- Hang zum Perfektionismus, z.B. trotz Stress gute Laune und Leichtigkeit ausstrahlen wollen, um die Patienten nicht zu belasten
- übermäßiges Engagement, z.b. als Hebamme die Arbeitszeit ständig überschreiten, um Geburten vollständig zu begleiten
- Diskrepanz zwischen Arbeitsideal und tatsächlicher Leistungsfähigkeit, z.b. trotz Übermüdung Schichten für Kollegen übernehmen
- kaum Annahme von Hilfe und sozialer Unterstützung, z.B. bestimmte Einstellungen wie „es wird schon gehen", „reiß dich zusammen" oder auch „Mir soll keiner helfen, denn ich will nicht als schwach gelten"
- Abwehr von uneingestandenen Emotionen wie Angst, Selbstzweifel und Aggressionen, welche verleugnet oder im Pflegeberuf kompensiert werden
- ausschließliche Definition des Selbstwertes über die Arbeit, indem man im Leben der Patienten eine wichtige Position hat und kein Privatleben pflegt

Im Sinne der Salutogenese werden die Ressourcen der Arbeitnehmer in pflegenden und helfenden Berufen zunehmend erforscht, weil sich viele Menschen dieser Berufsgruppe trotz der Belastung bester Gesundheit erfreuen. Eine hohe Selbstwirksamkeit scheint Überbelastungen, Depressionen und das sogenannte „Burn-Out" zu verhindern und spielt somit eine tragende Rolle in den Berufsgruppen des Krankenhaus- und Pflegepersonals. Ein weiterer wichtiger Faktor im Zusammenhang mit der Selbstwirksamkeit ist die Arbeitsmarktfähigkeit oder Beschäftigungsfähigkeit (Employability).

C 2.2.1 Employability

Die Fähigkeit Employability[15] beschreibt das berufliche Selbstkonzept, welches eng mit der Selbstwirksamkeit verknüpft ist. Die Anforderungen des Arbeitsmarktes haben sich in den letzten Jahren sehr verändert. Beispielsweise wird heute Wissen anstelle von Loyalität belohnt, statt Lernen am Berufsanfang wird lebenslanges Lernen gefordert und

---

[15] Vgl. Schnaack, F./Koch, A.: 2010, S. 70ff.

berufliche „Patchworkbiografien" ersetzen lineare Berufslaufbahnen. Employability bezeichnet die berufliche Anpassungsfähigkeit und trägt dazu bei, dass eine Person trotz schwieriger Arbeitsmarktchancen ihre Erwerbstätigkeit erhalten kann. Förderliche Eigenschaften dafür sind Optimismus, Lernbereitschaft, Offenheit für Erfahrungen, interne Kontrollüberzeugungen und eine positive, generalisierte Selbstwirksamkeitserwartung. Beschäftigungsfähigkeit setzt sich zusammen aus beruflicher Qualifikation sowie persönlichen und sozialen Eigenschaften, die auf dem Arbeitsmarkt einsetzbar sind. Die Weiterbildungsbereitschaft hängt eng mit der Employability zusammen, Weiterbildungen fördern ihrerseits die Partizipation am Arbeits- und Berufsleben. Das Krankenhaus- und Pflegepersonal ist im besonderen Maße dieser Anpassungsfähigkeit verpflichtet. Der medizinische Fortschritt verlangt eine ständige Weiterbildungsbereitschaft, der Altersdurchschnitt der Patienten steigt und somit die Anzahl der Pflegebedürftigen und das Auftreten von Multimorbidität, welche die Pflegeleistung am einzelnen Patienten besonders herausfordert. Personalstellen im Krankenhaus und in der Pflege sind oft mangelbesetzt. Möglichst viel Arbeit muss in möglichst kurzer Zeit erledigt werden. Empathisches Verhalten trotz eigener Beanspruchung ist nötig, um Pflegearbeiten fachlich und menschlich befriedigend gestalten zu können. Das Personal ist im ständigen Spannungsfeld zwischen Anweisungen und eigenverantwortlichem Handeln und das Einkommen im Branchenvergleich ist relativ niedrig. Employability benötigt außer der positiven Selbstwirksamkeit der Mitarbeiter aber noch ein weiteres Element, nämlich die förderliche Gestaltung des Arbeitsumfelds. Die Krankenhäuser und Pflegeeinrichtungen müssen ein gut funktionierendes Gesundheitsmanagement einführen, um im Sinne der Verhältnisprävention die Grundlagen für Selbstwirksamkeit und Employability der Mitarbeiter zu schaffen. Die Finanzierung und gesetzliche Regelung des Gesundheitsmanagements liegt in den Händen der Gesundheitspolitik.

C 2.2.2 Selbstwirksamkeit und Employability im Arbeitsalltag

Aufgrund der Ausführungen zu Selbstwirksamkeit und Employability einschließlich der zugrundeliegenden Fähigkeiten und Eigenschaften würde eine im Krankenhaus oder Pflegebereich arbeitende Person folgendem Idealbild entsprechen:

- realistische Einschätzung der eigenen Leistungsfähigkeit („Kann ich mit 50 Jahren im Drei-Schicht-System noch konzentriert arbeiten?")
- Selbstfürsorge betreiben, „Batterien aufladen", Erholungspausen schaffen

- aktiv an Weiterbildungsmaßnahmen teilnehmen, um die Arbeitsqualität zu sichern und souverän handeln zu können
- Arbeitsschutzmaßnahmen beachten (Handschuhe tragen, Schutzimpfungen)
- unterstützendes Umfeld schaffen (Familie, Freunde, Freizeitgestaltung)
- gut ausgearbeitetes Zeitmanagement, um z.b. den Stationsalltag zu bewältigen
- gute Kommunikationsfähigkeit (bei Überforderung Hilfe bei Kollegen suchen, professionelle Unterstützung in Krisenzeiten nutzen, das Gespräch mit Vorgesetzten suchen, um den Arbeitsalltag besser strukturieren zu können)

Diese Liste beinhaltet Beispiele und erhebt keinen Anspruch auf Vollständigkeit. Trotzdem zeigt sie auf, wie sich Selbstwirksamkeit und Employability günstig auf die Bewältigung des Arbeitsalltags auswirken, und wirft die Frage auf, wie man diese Eigenschaften fördern kann.

2.3 Konzept zur Steigerung der Selbstwirksamkeit von Mitarbeitern

Nach Filipp und Mayer[16] sind Aspekte zur Steigerung der Selbstwirksamkeit:

- verbindliche, realistische Ziele setzen und vorausschauende, realistische Planung
- Anspruchsniveau an die Leistungsfähigkeit anpassen und individuelle, realistische Ziele (Lern-, Leistungs- und Verhaltensziele) im Nah- und Fernbereich setzen
- Ideen und Anregungen ernst nehmen, Eigeninitiative zeigen
- Reflektion aktueller Situationen in Bezug auf Lebensziele
- Erfolge durch Erwerb von Fähigkeiten und Fertigkeiten wahrscheinlicher machen
- aktiv Feedback einfordern, um sich verbessern zu können
- soziale Netzwerke zur Unterstützung suchen und selbst andere unterstützen

Maßnahmen zur Steigerung der Selbstwirksamkeit sind verhaltensorientierter Natur. Es gilt, geeignete individuelle und teamorientierte Copingstrategien zu entwickeln. Günstig ist es, wenn gesundheitsorientierte Settingmaßnahmen seitens des Arbeitgebers geschaffen wurden. Hier sehe ich auch den Ansatzpunkt für entsprechende Trainingsmaßnahmen und Angebote, die in ein Konzept eingebunden werden können:

---

[16] Vgl. Schnaack, F./Koch, A.: 2010, S. 69.

- Mitarbeiter in Beratungen über Behandlungsziele von Patienten seitens der Ärzte einbinden
- psychologische Beratung für Krisenzeiten anbieten, z.b. bei Mitarbeitern der Intensivstation
- Bewegungs- und Entspannungsmaßnahmen während der Arbeitszeit oder Pausen anbieten (Prävention muskuloskelettaler Beschwerden, den Körper spüren lernen und somit auch psychisch Kontrollüberzeugungen stärken)
- Förderung von Austauschmöglichkeiten innerhalb des Teams und auch teamübergreifend, z.b. durch Nutzung eines betriebsinternen, digitalen, sozialen Netzwerks
- Quiz zum Thema Arbeitsschutz mit Gewinnmöglichkeit anbieten, um die Aufmerksamkeit wieder in den Fokus der Selbstverantwortung zu rücken
- aktuelle Weiterbildungsmaßnahmen anbieten und evtl. finanzieren/ teilfinanzieren
- Mitarbeiter neigungsorientiert einsetzen, um die Motivation zu steigern und sie in ihrem Selbstwirksamkeitserleben zu unterstützen
- Trainingsmaßnahmen zu den Themen Zeitmanagement, Kommunikation, Psychohygiene u. ä. anbieten

C 3 Ängstlichkeit

C 3.1 Definition und Messbarkeit von Ängstlichkeit

Angst oder Furcht sind Phänomene, die im Leben nicht vermeidbar sind. Ängstlichkeit [17] als Persönlichkeitsmerkmal bezeichnet eine komplexe Vielfalt von Erlebnisweisen, Verhaltenskomponenten und Umweltbedingungen und sollte nicht als einheitliche Eigenschaft, sondern eher als eine Dispositionshierarchie aus situationsspezifischen Ängstlichkeitsfaktoren betrachtet werden. Ängstlichkeit vor physischer Verletzung muss nicht mit Ängstlichkeit vor Publikumsauftritten einhergehen. Allerdings gibt es einen übergeordneten Faktor der allgemeinen Ängstlichkeit. Hieraus ergibt sich die Schwierigkeit der Messung. Situationsunspezifische Daten lassen sich in Persönlichkeitsskalen erfassen („Ich habe Angst vor Trennungen..."). Diese Skalen korrelieren so hoch mit der Veranlagung zu übermäßiger Besorgtheit, dass Neurotizismus und Ängstlichkeit als identisch angesehen

---

[17] Vgl. Schnaack, F./Koch, A.: 2010, S. 77.

werden. Weiterhin kann Ängstlichkeit in spezifischen, aktuellen, angsterregenden Situationen mit Hilfe einer Intensitätsskala abgefragt werden. Aufwändigere, aber zuverlässigere Messmethoden sind verschiedene Angstskalen mit mehreren Elementen. Nicht vernachlässigt werden sollte dabei, dass das Urteil über Ängstlichkeit in bestimmten Situationen weitgehend unabhängig vom aktuellen Angsterleben ist.[18]

C 3.2 Persönlichkeitsstörungen mit begleitender Ängstlichkeit

Es gibt schwerwiegendere Persönlichkeitsstörungen, welche in die Cluster A, B und C eingeteilt werden. Ich beschränke mich auf diejenigen vom sogenannten Cluster C[19] deren begleitendes Verhalten ängstlich oder furchtsam erscheint. Dabei werden drei Störungen unterschieden: Erstens die selbstunsichere Persönlichkeitsstörung, bei der persönliche Kontakte aus Angst vor Zurückweisung vermieden werden. Es besteht eine Furcht vor Kritik. Gefühle des Versagens treten in sozialen Situationen auf. Zum Zweiten gibt es die abhängige Persönlichkeitsstörung. Sie ist durch Abhängigkeit in wichtigen Lebensbereichen, Unbehagen und ein Gefühl der Ohnmacht, wenn Hilfe anderer Menschen nicht vorhanden ist, gekennzeichnet. Zum Dritten lässt sich hier die zwanghafte Persönlichkeitsstörung einordnen. Merkmale sind Festlegung auf Regeln und Listen sowie ein Perfektionismus, der das Ausführen von Aufgaben verhindert. Weniger schwerwiegende Persönlichkeitsstörungen sind die Angststörungen, die für die Betroffenen allerdings große Beeinträchtigungen mit sich bringen. Sie unterscheiden sich im Ausmaß und Umfang des Angsterlebens und der angstauslösenden Situation. Die fünf wichtigsten Formen[20] werden im Folgenden kurz aufgeführt:

Die Generalisierte Angststörung wird diagnostiziert, wenn über mindestens sechs Monate ohne eine reale Bedrohung eine andauernde Besorgnis erlebt wird und zusätzlich noch drei weitere Symptome (z.B. Muskelverspannungen) vorliegen. Die Person ist nicht mehr in der Lage, ihren sozialen oder beruflichen Verpflichtungen nachzukommen. Bei der Panikstörung herrschen wenige Minuten andauernde Panikattacken vor, bei denen es keinen konkreten Auslöser gibt, woraus sich oft eine Angst vor der Angst entwickelt. Die Panikstörung kann mit oder ohne Agoraphobie auftreten, bei der die Betroffenen im schlimmsten Fall gar nicht mehr aus dem Haus gehen. Bei einer Phobie leidet ein Mensch an einer beständigen, irrationalen Angst vor einem spezifischen Objekt, einer bestimmten Aktivität oder einer phantasierten

---

[18] Vgl. Schnaack, F./Koch, A.: 2010, S. 78.
[19] Vgl. Gerrig, R./Zimbardo, P.: 2008, S. 574, Tabelle 14.4.
[20] Vgl. Gerrig, R./Zimbardo, P.: 2008, S. 558 ff.

Bedrohungssituation. Die Anpassung an die Anforderungen des täglichen Lebens ist gestört.

Bei einer sozialen Phobie fühlt sich der Betroffene in sozialen Situationen unwohl und vermeidet den prüfenden Blick der Öffentlichkeit. Spezifische Phobien können sehr viele verschiedene Objekte oder Situationen betreffen (z.b. Hunde oder Zugfahrten). Posttraumatische Belastungsstörungen (PBS) zeichnen sich durch ständiges Wiedererleben eines traumatischen Ereignisses aus. Sie gehen oft mit anderen psychischen Störungen wie z.b. Depressionen einher. Frauen sind häufiger betroffen (obwohl Männer mehr traumatische Ereignisse zu verzeichnen haben), was mit einer stärkeren weiblichen Stressreaktion erklärt wird. PBS können bei größeren Ereignissen (Naturkatastrophen) mehrere Menschen gleichzeitig betreffen. Bei Zwangsstörungen treten bestimmte Denk- und Verhaltensmuster auf, in denen der Betroffene gefangen ist. Sie ist geprägt von Zwangsgedanken und Zwangshandlungen. Sie werden im Folgenden gesondert erläutert.

C 3.3 Die zwanghafte Persönlichkeitsstörung

Eine Persönlichkeitsstörung [21] ist ein stark von der Norm abweichender Persönlichkeitstyp im Erwachsenenalter. Sie lässt sich als Extremvariante einer normalen Persönlichkeitsvariation auffassen. Eine Komorbidität verschiedener Störungen ist die Regel. Es ist eine familiäre Häufung zu verzeichnen, was eine genetische Disposition vermuten lässt. Zur Erkrankung trägt auch ein leistungsorientierter, ein strenger oder ängstlicher Erziehungsstil bei. Im Erwachsenenalter zeigen sich oft ängstlich-unsichere und perfektionistische Wesenszüge. Weiterhin können Traumata, die mit Angst und Ekel verbunden sind, Zwangssymptome auslösen. Die Zwangsstörung tritt gehäuft mit Angsterkrankungen und Depressionen auf. Inzwischen stimmt die Forschung darin überein, dass Menschen aufgrund ihrer spezifischen Persönlichkeitsstruktur und Überforderung durch chronische oder akute Überlastungen eine Persönlichkeitsstörung entwickeln und dadurch zentrale Lebensaufgaben nicht erfüllt werden können. Als Beispiel für eine angstbezogene Persönlichkeitsstörung soll hier die zwanghafte Persönlichkeitsstörung näher erläutert werden, welche sich durch ständige Beschäftigung mit Ordnung, Perfektion und Kontrolle auszeichnet. Bei der Zwangsstörung[22] treten Zwangsgedanken und Zwangshandlungen auf, die kaum bis gar nicht unterdrückt werden können und

---

[21] Vgl. Asendorpf , J.: 2011, S. 59 ff.
[22] Vgl. Gerrig, R./Zimbardo, P.: 2008,S. 560 ff.

einen erheblichen Leidensdruck verursachen. Betroffene sind nicht mehr dazu in der Lage, einem geregelten sozialen und beruflichen Leben nachzugehen. Zwangsgedanken sind Bilder, Ideen oder Impulse, die immer wieder auftreten oder beständig vorhanden sind, als ungewollte Steuerung des Bewusstseins erlebt werden, für den Betroffenen inakzeptabel sind und oft als sinnlos oder abstoßend bezeichnet werden. Betroffene bleiben in ihrem Gedankenfluss an vorüberziehenden Gedanken „hängen" und bewerten diese als z.b. gefährlich oder unmoralisch. Zwangshandlungen sind ritualisierte Handlungen, die als Reaktion auf Zwangsgedanken ausgeführt werden. Sie wiederholen sich und sind individuell aufgestellten Regeln unterworfen. Der Erkrankte schafft sich so eine Kontroll-Illusion. Er erträgt oder unterdrückt das Unbehagen, welches in angstbesetzten Situationen auftritt. Die ausgeführte Handlung hat die Funktion der Angstkontrolle, wobei die Handlung an sich sinnlos, unvernünftig oder übertrieben sein kann. Kurzfristig wirkt das Ritual im Sinne erlebter Sicherheit oder „Richtigkeit" und so verselbständigt es sich mit der Zeit. Typische Zwangshandlungen sind z. B. der Waschzwang, der Zählzwang und das Überprüfen, ob bestimmte Geräte ausgeschaltet sind. Der Zwang steigt mit der Erhöhung der inneren Anspannung. Betroffene leiden darunter, die Sinnlosigkeit ihres Verhaltens zu erkennen, dieses jedoch nicht unterlassen zu können. Versuche des Unterbindens führen i.d.R. zu Angst, Anspannung, Unruhe, Schuld oder Zweifel. Eine Sonderform der Störung ist das „Vermüllungssyndrom mit Sammelzwang" (sog. Messie) und auch Subtypen wie zwanghafte Langsamkeit oder interaktionelle Zwänge (Rückversicherungs- bzw. Fragezwänge) gehören dazu.

C 3.4 Behandlungsmöglichkeiten der Zwangsstörungen

Vorab soll erwähnt werden, dass eine komplette Remission oder eine Spontanremission selten ist. Unter Therapie ist meist eine deutliche Symptomreduktion möglich. Untersuchungen zufolge gehen Zwangserkrankungen mit der Hyperaktivität einer bestimmten Gehirnregion („Nucleus caudatus") einher. Sie ist für die Kontrolle willkürlicher Bewegungen mitverantwortlich. Die verschiedenen Therapieansätze sollen die Aktivität dieses Zentrums normalisieren. Auch Störungen im Stoffwechsel der Neurotransmitter Dopamin und Serotonin werden diskutiert. Sie spielen bei Depressionen eine Rolle und sind u.a. an Stimmung, Impulsivität, Sexualität und Angst beteiligt. [23] Nachfolgend sollen Therapiemöglichkeiten [24] bei der Behandlung von Zwangserkrankungen vorgestellt werden. Am erfolgreichsten sind die kognitive

---

[23] http://www.zwaenge.de/therapie/frameset_therapie.htm.
[24] Vgl. Pschyrembel, W.: 2013, S. 2336.

Verhaltenstherapie und die Pharmakotherapie. Beide können miteinander kombiniert werden. Es folgen die Familientherapie, das Training sozialer Kompetenzen, Körpertherapie und bei schwerer therapieresistenter Zwangsstörung ggf. der Versuch mit Tiefenhirnstimulation. Ein neues Therapieelement ist die achtsamkeitsbasierte Therapie, bei der das Hauptaugenmerk auf einer nichtwertenden, akzeptierenden Haltung im Moment, der Selbstfürsorge und der Wertschätzung liegt. Achtsamkeit[25] soll helfen, die Emotionsregulation zu verbessern, gelassener zu werden und die Schlafqualität zu erhöhen. In der Literatur werden vielfach die sog. selektiven Serotonin-Wiederaufnahmehemmer (SSRI) erwähnt, welche mit der Psychotherapie gute synergistische Prozesse in Gang setzen. Die beiden wichtigsten Therapiemöglichkeiten möchte ich kurz gesondert darstellen.

C 3.4.1 Kognitive Verhaltenstherapie

Die Kognitive Verhaltenstherapie [26] mit Exposition ist am wirksamsten wenn Zwangshandlungen ohne schwere depressive Symptomatik im Vordergrund stehen. Der Betroffene setzt sich Schritt für Schritt (selten vereinzelt auch massiv, je nach Persönlichkeitsstruktur) mit therapeutischer Unterstützung den Reizen oder Situationen aus, die den Zwängen vorausgehen. Ziel ist es, Gefühle wie Angst und Anspannung bis zur maximalen Ausprägung aushalten zu lernen und zu spüren wie sie wieder abklingen. Wichtig ist, die Schutzfunktion der Zwänge zu erkennen, vor allem die Angst davor, ein bestimmtes Gefühl nicht aushalten zu können. Die Entscheidung dafür muss der Patient treffen. Einerseits, um ihn nicht der subjektiv gefühlten Kontrolle durch den Therapeuten auszusetzen, und andererseits, weil er die Expositionen im Alltag fortsetzen soll. Hier hat sich die internetbasierte Therapie als neue Möglichkeit der therapeutischen Unterstützung entwickelt.[27]

C 3.4.2 Medikamentöse Therapie

Die schon erwähnten SSRI[28] verstärken den Effekt des Neurotransmitters Serotonin, indem die Wiederaufnahme von Serotonin im synaptischen Spalt gehemmt wird und in der Folge die Konzentration dieses Botenstoffs steigt. Es dauert einige Wochen bis zum Wirkungseintritt, jedoch sind dann die Symptome der Erkrankung stark rückläufig. SSRI machen nicht abhängig, allenfalls ist mit Nebenwirkungen wie Übelkeit oder

---

[25] zur Vertiefung: Huppertz, M.: 2009.
[26] Vgl. Pschyrembel, W.: 2013 S. 2251.
[27] http://www.spiegel.de/gesundheit/psychologie/online-psychotherapie-psychologische-behandlungen-ueber-das-internet-a-891558.html.
[28] Vgl. Pschyrembel, W.: 2013, S. 1957.

Schlafstörungen zu rechnen. Es gibt nicht „das eine" Medikament gegen Zwangserkrankungen, daher kann zwischen den verschiedenen SSRI je nach Wirkung und Verträglichkeit gewechselt werden. Bei alleiniger Pharmakotherapie ohne begleitende Verhaltenstherapie kehren die Symptome bei vielen Betroffenen nach Absetzen des Medikaments zurück. In der Literatur findet sich auch das serotonerge trizyklische Antidepressivum Clomipramin, welches allein oder in Kombination mit SSRI verordnet wird. Clomipramin ist sehr wirksam, es treten aber auch mehr Nebenwirkungen auf als bei Einzelverordnungen von SSRI. In einigen Fällen sind auch niedrigdosierte Antipsychotika oder Neuroleptika indiziert und wirksam. Symptome werden mit Hilfe der Medikamente zwar nicht beseitigt, aber deutlich reduziert.

Literaturverzeichnis

Asendorpf, J.: Persönlichkeitspsychologie, Heidelberg 2011

Gerigg, R./Zimbardo P.: Psychologie, Hallbergmoos 2008

Pschyrembel, Klinisches Wörterbuch, 265. Auflage, Berlin/Boston 2013

Schnaack, F./Koch, A.: Persönlichkeits- und Differenzielle Psychologie Studienbrief
der SRH FernHochschule Riedlingen, Riedlingen 2010

Internetquellenverzeichnis

Deutsche Gesellschaft Zwangserkrankungen e.V. (18.12.2014),
http://www.zwaenge.de/therapie/frameset_therapie.htm

Dr. med. Hendrische, A.: Stress und Burn-Out (18.12.2014), http://www.psychosomatik-aalen.de unter
Burn-Out, Vortragsfolien
Spiegelonline (18.12.14), http://www.spiegel.de/gesundheit/psychologie/online-psychotherapie-

psychologische-behandlungen-ueber-das-internet-a-891558.html

Abkürzungsverzeichnis

PBS= Posttraumatische Belastungsstörung

SSS= (Sensation Seeking Scale)= Messinstrument

SSRI= Serotonin-Wiederaufnahmehemmer

BEI GRIN MACHT SICH IHR
WISSEN BEZAHLT

- Wir veröffentlichen Ihre Hausarbeit,
  Bachelor- und Masterarbeit

- Ihr eigenes eBook und Buch -
  weltweit in allen wichtigen Shops

- Verdienen Sie an jedem Verkauf

Jetzt bei www.GRIN.com hochladen
und kostenlos publizieren